ALLIANCE FRANÇAISE

COMITÉ PAUL-BERT

Patronage des étudiants indochinois
en France

A LA MÉMOIRE

DE

NGUYỄN-VĂN-ĐÁNG

Né le 1ᵉʳ juillet 1894, à Nam-Đinh, Tonkin

PUPILLE

de l'*Instruction Occidentale*, de Hanoi,
et du *Comité Paul-Bert*, de Paris.

décédé à Dijon (Côte-d'Or), le 14 janvier 1912.

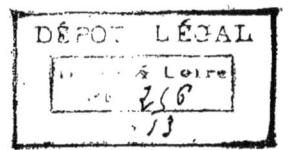

A LA MÉMOIRE

DE

NGUYỄN-VĂN-ĐÁNG

Né le 1er juillet 1894, à Nam-Đinh, Tonkin

PUPILLE

de l'*Instruction Occidentale*, de Hanoi,

et du *Comité Paul-Bert*, de Paris.

décédé à Dijon (Côte-d'Or), le 14 janvier 1912.

A LA MÉMOIRE

DE

NGUYỄN-VĂN-ĐÁNG

PUPILLE

de l'*Instruction Occidentale*, de Hanoi
et du *Comité Paul-Bert de l'Alliance Française*, de Paris

1ᵉʳ novembre 1912.

La voilà revenue la triste fête des morts, allongeant la liste de ceux que nous pleurons, ramenant avec elle tout un cortège de pensées douloureuses, douces pourtant ! Il semble qu'à travers le sol pieusement fleuri des tombes les chers disparus, touchés de nos hommages, engagent avec nous un dialogue discret et attendri. Ils sont moins seuls et nous aussi. Ils revivent avec intensité au fond de notre cœur fidèle.

Sous la terre du cimetière de Joinville, repose depuis plusieurs mois, un élève particulièrement regretté, pour lequel ses maîtres du « Parangon » présageaient le plus brillant avenir. Une mort stupide a ravi à leur estime et à leur affection ce jeune homme qu'ils considéraient volontiers comme un enfant adoptif, tant ses qualités d'intelligence et de caractère attiraient vers lui la sympathie !

La date à laquelle nous évoquons sa mémoire, n'est point celle qui correspond aux usages de son pays natal. Nous le savons. Lorsque nous célébrerons la prochaine fête du Têt, nous penserons avec émotion, comme aujourd'hui, à Nguyễn-văn-Đáng, et l'hommage que nous lui rendrons, rejoindra à travers l'espace celui qu'il recevra des siens devant l'autel familial. Nous aimons à croire que sa vénérée mère et ses frère et sœurs seront heureux de savoir que nous nous sommes souvenus de lui au moment même où nous honorions nos propres défunts et qu'il est, dans sa sépulture, l'objet des mêmes égards pieux dont nous entourons ceux-ci.

Le séjour de Đáng à l'Institution du « Parangon ».

Nguyễn-văn-Đáng n'est resté parmi nous que pendant une courte année scolaire : une année de dix mois ; mais c'était plus de temps qu'il n'en fallait pour le bien connaître et l'apprécier à sa juste valeur.

Il naquit le 1er juillet 1894, à Nam-Đinh (Tonkin). Sa mère, veuve depuis 1908, est commerçante à Hanoi ; son frère aîné est fonctionnaire à la Résidence supérieure du Tonkin. Đáng était l'espoir des siens, qui comptaient sur sa belle intelligence, sur son labeur, sur le succès de ses études, pour améliorer plus tard la situation de la famille. C'est dans cette pensée, assurément, qu'ils avaient consenti à une pénible séparation de plusieurs années, comme Đáng s'était résigné à être provisoirement éloigné de ceux qu'il aimait. La tendresse qu'il avait pour eux lui donnait le courage de les quitter.

Il avait aussi la noble et légitime ambition de servir son pays par son savoir.

Enfin, son esprit curieux devait lui faire souhaiter de voir la France, lointaine, protectrice et éducatrice.

Đáng était un des meilleurs élèves, peut-être même le meilleur élève du *Collège du Protectorat* à Hanoi, quand en 1910, la *Société d'Instruction Occidentale* mit de nouveau au concours un certain nombre de bourses pour permettre à quelques indigènes instruits et laborieux de venir continuer leurs études dans la métropole. Đáng concourut et fut classé premier. Il s'embarqua en compagnie de plusieurs compatriotes, boursiers comme lui, de la Société d'Instruction Occidentale : Lê, Dư, Quynh, qui ont été aussi nos élèves en 1910-1911.

Des quatre, Đáng était celui qui, par la taille, ressemblait le plus à un enfant. Sa tête pensive, son large front avaient pour support un corps d'apparence bien frêle. On pouvait se demander si sa petite personne résisterait bien au changement de climat. Grâce au régime sain de l'école, à l'air pur, aux exercices physiques rationnels, Đáng, à notre vive satisfaction, s'acclimata parfaitement. Il put travailler autant qu'il le désirait : grande joie pour lui !

Je le revois encore, cet infortuné et cher enfant ! Il est là devant son pupitre, à la place occupée depuis par d'autres adolescents, mais au-dessus de laquelle flotte toujours son image. Hiver comme été, il est là, dès le grand matin. Il sait sa leçon sur le bout du doigt ; son devoir est prêt, soigné, présentant du début à la fin une grande et belle écriture, nette et ferme... Đáng aime l'ordre : sa tenue, son casier, ses cahiers l'attestent. Tout près de son professeur de lettres ou de sciences et bien en face (car il s'est mis de lui-même au banc le plus rapproché de la chaire), il écoute d'un air réfléchi, tranquille et doux, les yeux grands ouverts, de bons yeux affectueux et confiants, la bouche égayée d'un sourire fin et gracieux, les explications données par le maître. Les idées semblent s'installer de plain-pied dans son esprit ; cette « tête bien faite », ne demande qu'à se meubler.

Point d'effort apparent. Si le sourcil de Đáng se fronce légèrement, si son sourire s'éteint momentanément, c'est que le professeur s'est exprimé trop vite ; alors d'un ton poli et respectueux, Đáng demande un renseignement complémentaire, et toute la classe profite de la clairvoyance de l'élève intelligent et attentif, collaborateur précieux du maître.

Il consacre à la lecture les loisirs que lui laissent les cours, leçons et devoirs. Il aime nos auteurs français. Les goûts littéraires de Đăng justifient cette appréciation : « Les Annamites sont les Français de l'Extrême Orient. »

Aux petites fêtes où ses camarades, français ou indochinois, jouent la comédie, débitent des monologues, récitent des vers, il prend part avec un plaisir visible. Il dit très bien.

Ainsi le temps se passe, les mois s'écoulent. L'époque de l'examen du Brevet élémentaire arrive. Onze élèves du Parangon sur douze candidats sont admis, parmi lesquels Đăng, Lê, Dư, Quynh, et trois autres Indochinois. Đăng a passé haut la main : au contentement d'avoir réussi, s'ajoute celui d'avoir vu réussir ses camarades et compatriotes.

Voici la distribution des prix. Đăng a des nominations, en bonne place, pour toutes les matières du programme. Il a le prix de l'*Alliance Française* offert à l'élève de langue non française, classé en première ligne pour la rédaction et l'élocution en notre langue. Il est heureux. Il va partir en vacances; il aura de la liberté, du repos, en attendant l'heure de reprendre ses études pour entrer à l' « Institut Industriel du Nord ». Car Đăng a choisi, comme carrière future, l'industrie du fer.

« Au revoir, cher Đăng, bonnes vacances! »

Hélas !.....

Les vacances, l'accident, la mort.

Đăng est, pour la période d'août-septembre, l'hôte de M. Virey, instituteur à Arcenant (Côte-d'Or). Il a, comme camarade du même âge, le propre fils de l'instituteur. Dans une bourgade voisine, à trois ou quatre lieues, se trouve le meilleur ami de Đăng, son condisciple et compatriote Lê, confié à M. Rossin, instituteur à Gilly-lez-Vougeot.

Đăng visite les curiosités locales. Il parcourt les villages d'alentour ; il va voir son ami Lê à Gilly. Malheureusement, les communications ne sont pas très commodes. Il faut faire 8 km. 300 pour se rendre à la gare de Nuits-Saint-Georges et prendre le train pour Vougeot. Un jour, Lê vient le voir à bicyclette ! Ah ! s'il savait, lui aussi, « pédaler », comme cela rapprocherait les deux amis ! Il exprime son vœu à M. Virey qui lui procure une bonne bicyclette de location, et lui apprend le maniement de la machine.

Le mardi 29 août, après déjeuner, en compagnie de M. Virey fils, Đáng part à bicyclette pour Gilly-lez-Vougeot, promenade charmante, suivie d'une bonne partie de plaisir et d'une collation joyeuse, chez M. Rossin, instituteur. Il s'agit maintenant de reprendre la route d'Arcenant. Escouade de quatre cyclistes ; en tête marchent MM. Virey et Rossin fils ; en arrière, à trente mètres environ, Lê et Đáng pédalant. — Voici le carrefour du chemin de Gilly et de la grande route de Beaune à Dijon. Le jeune Virey aperçoit une automobile, arrivant sur la grande route nationale à une allure relativement modérée ; il se gare et crie à ses camarades : « Attention ! » Le jeune Rossin passe témérairement devant l'auto, le chauffeur oblique prudemment ; puis voyant les deux derniers cyclistes, Lê et Đáng, il bloque ses freins. Lê peut s'arrêter juste à temps : Đáng, subissant la fascination de l'obstacle, va se jeter sur l'automobile, et heurte du front contre le fermoir de la portière : d'où la terrible blessure aux suites de laquelle le pauvre enfant devait succomber.

Visité sur-le-champ par le docteur de la localité, Đáng est conduit d'urgence à l'hôpital de Dijon. Étourdi par le choc contre la voiture, il a vite repris connaissance. Les premiers pronostics des médecins, après quelques jours d'observation, sont plutôt favorables : on pense que le blessé sera remis sur pied dans un délai relativement court, sauf complications imprévues.

L'enfant a toute sa connaissance ; il plaisante sur son état et invite Lê à écrire un récit qui sera intitulé : « Đáng ou les suites d'une imprudence. »

Mais cela ne dura pas toujours. Au milieu d'octobre, une complication survint au moment où Đáng semblait sur le point de guérir. Brusquement il fallut faire l'opération de la trépanation que pratiquèrent les docteurs Broussolle et Baron.

Đáng se releva : à quinze jours de là, on le considérait comme hors de danger.

Puis au début de novembre, une nouvelle complication surgit. Đáng retombe.

Et pourtant de nouveau il reprend vie; ses yeux se remettent à briller, sa bouche, à sourire. Il lit avec joie une lettre de sa mère. Nous touchons à la guérison.

Mais encore une fois tous ces espoirs s'effondrent : à partir du 20 décembre les douleurs de tête reviennent épuisantes; en quelques jours la situation est désespérée. La vie se retire graduellement du corps de Đáng. Il ne semble plus reconnaître les amis qui viennent le voir.

Le 14 janvier au matin, il n'est plus de ce monde.....

Les obsèques : à Dijon, à Joinville-le-Pont.

Aussitôt informé du douloureux événement le *Comité Paul-Bert* décida que l'inhumation se ferait à Joinville-le-Pont.

La première partie des obsèques eut donc lieu à Dijon, le mercredi 17 janvier. Assistaient à la cérémonie MM. Hauser, président, et Eisenmann, vice-président du Comité dijonnais de *l'Alliance Française*, professeurs à l'Université ; MM. le lieutenant-colonel Roussin, Striffling, Lambert, Robert, vice-président, secrétaire général, membres du Comité, M. Delpech, professeur à la Faculté de droit; M. Quignard et Mlle Quignard; M. Clerget-Duchemin, de Dijon; M. et

Mme Jeantot, de Vougeot; M. Virey, instituteur à Arcenant; M. Rossin, instituteur à Gilly-lez-Vougeot, et son fils André Rossin, amis du défunt, etc. M. et Mme Bilié, les propriétaires de l'automobile, contre laquelle le malheureux enfant s'était brisé, avaient envoyé des gerbes de fleurs.

Voici le compte rendu de la cérémonie, d'après un témoin direct, Lê, venu tout exprès de Dol-de-Bretagne, pour rendre les derniers devoirs à son ami.

« Cung, Thông, Nghi, Duy et moi, nous sommes arrivés à l'hôpital de Dijon, à 2 heures moins un quart. Le cercueil de Đáng, placé dans la chapelle de Jérusalem, disparaît sous les couronnes et les fleurs ; autour avaient été allumées des bougies et des baguettes d'encens qui embaumaient l'air de la senteur d'Annam, cher souvenir du pays natal.

« Les invités arrivent. Le corps est, sur l'ordre de M. Hauser, placé sur le corbillard devant la funèbre chapelle où Đáng dormait depuis deux jours. Là, M. Hauser prit le premier la parole et s'exprima en ces termes :

« Pour la deuxième fois, le délégué régional de l'Alliance
« française a le douloureux devoir de dire un dernier
« adieu à l'un des pupilles annamites du *Comité Paul-*
« *Bert*. Mais si triste que fût la cérémonie qui nous réunis-
« sait au cimetière de Talant, en novembre 1910, du moins
« celui que nous confiions à la terre de Bourgogne, Nguyên-
« Đức-Dương, était-il victime d'une de ces maladies qui ne
« pardonnent pas. Aujourd'hui, c'est un accident stupide
« qui nous prive de l'un de nos meilleurs, des plus sédui-
« sants de nos jeunes protégés. »

« L'orateur raconte ensuite l'accident dont nous avons fait plus haut la relation, son transport à l'hôpital de Dijon, les phases de sa maladie, les alternatives d'espoir et d'inquiétude et poursuit : « En cette heure de deuil, toutes nos
« pensées vont vers sa pauvre mère. Pendant des mois,
« lettres et câblogrammes l'ont fait passer, à maintes re-

« prises, de la joie à la désespérance. Elle sait aujourd'hui
« qu'il n'est plus, ce fils dont elle avait consenti à se séparer,
« pour qu'il lui revînt plus fort, mieux armé, plus capable
« de travailler à la prospérité du pays natal. Mère, ce mot
« éveille la même résonance profonde et tragique aux bords
« du Fleuve Rouge et dans notre pays de France. Et comme
« nos mères françaises, les mères annamites pleurent deux
« fois plus l'enfant mort au loin, celui dont leurs mains
« tremblantes n'ont pas cousu le linceul.

« Mais nos pensées vont aussi vers ces jeunes gens, cama-
« rades de Đăng, qui sont venus comme lui-même apprendre
« chez nous les sciences de l'Occident. Que votre courage,
« mes jeunes amis, ne se laisse pas ébranler par le malheur
« qui vient encore une fois de frapper l'un d'entre vous.
« C'est une des croyances de votre pays que quelque chose
« de l'âme des morts, ce qu'ils avaient de meilleur, passe et
« subsiste dans l'âme des vivants. Jeunes amis de Đăng, qui
« veniez si souvent à son chevet, faites qu'un peu de cette
« âme exquise passe en vous. Préparez-vous, comme il se
« préparait lui-même, à travailler à cette grande œuvre :
« faire que votre Indochine devienne sous la protection et
« avec l'aide de la France une terre heureuse et féconde. Ce
« sera la plus noble façon d'honorer la pure mémoire de
« l'ami que nous pleurons aujourd'hui. »

« Ensuite, continue Lê dans son récit, Thông, en termes
simples, sincères, douloureux, adressa dans notre langue ma-
ternelle un dernier adieu à notre pauvre disparu.

« Puis vint mon tour. C'est les yeux pleins de larmes, que
je pus exprimer en quelques petits vers, tous mes regrets
et toute ma douleur.

« Le cortège se dirigea ensuite vers la gare. La foule aug-
mentait à mesure qu'approchait le terme du voyage. — A la
gare le cercueil fut placé dans un fourgon avec les couronnes et les fleurs... et après un dernier adieu à notre ami
infortuné, il partit. »

Le jeudi matin 18 janvier, à Joinville-le-Pont s'achevaient les obsèques du cher défunt. Vers 9 heures, sous un ciel gris et une pluie fine et persistante qui rappelaient le Tonkin et composaient un cadre en harmonie avec les sentiments de l'assistance, se trouvaient réunis devant le cercueil de Đăng, M. Keller, délégué par M. le ministre des Colonies, MM. Jules Gautier, Lorin, Salles, du *Comité Paul-Bert* de l'*Alliance Française*, le docteur et Mme Rousseau, MM. L. Rousseau, Casalini et les professeurs du Parangon, et aussi de nombreux élèves de cette institution, divers pupilles du *Comité Paul-Bert* ainsi que presque tous les étudiants indochinois de Paris, parmi lesquels une délégation des Annamites de l'École coloniale.

Aux couronnes qui avaient accompagné le corps depuis Dijon: celles de la famille « A mon fils », « A notre frère », celle du *Comité Paul-Bert*, celle des pupilles du même Comité, celle du « Comité Dijonnais de l'*Alliance Française* », etc., s'ajoutaient ce jour-là, la couronne offerte par les étudiants indochinois de Paris, celle de deux étudiants indochinois du Parangon, et enfin une magnifique gerbe de fleurs exotiques nouée d'un ruban brodé disant en caractères « Đăng, Hanoi » et dont la composition par Mme Louise Rousseau dira à la pauvre maman indochinoise de quels égards affectueux les mères françaises savent entourer leurs enfants adoptifs et comment elles s'efforcent de remplacer, dans les circonstances douloureuses, celle qui n'est pas là !...

Dans la chapelle, tendue de draperies blanches, furent allumées près du cercueil des baguettes de santal. Et les discours commencèrent. Ce fut d'abord M. Jules Gautier, président du *Comité Paul-Bert* :

« Messieurs,

« Je remplis aujourd'hui le plus cruel devoir de ma charge

et c'est avec une douloureuse émotion que je viens, au nom du *Comité Paul-Bert*, saluer ce cercueil.

« Au moment où mes collègues me firent l'honneur de m'appeler à la présidence du Comité, M. Salles, avec cette sollicitude paternelle que vous lui connaissez, attira mon attention particulière sur un de nos pupilles, boursier de la Société d'Instruction occidentale, Nguyễn văn Đáng. Il me dit comment cet enfant, après de très bonnes études au Collège du Protectorat, avait été, à la suite d'un concours où il avait été classé le premier, envoyé en France pour y continuer ses études, et confié aux soins du *Comité Paul-Bert*. Il ajouta que les espérances que ces débuts pouvaient faire concevoir s'étaient pleinement réalisées, et que notre jeune pupille, par la vivacité de son intelligence, par son assiduité au travail, était de ceux qui, à n'en pas douter, profiteraient le plus sûrement de leur séjour en France. Il me dit aussi, il me dit surtout, quels dons heureux de caractère, quelle franchise aimable exhalée de toute sa personne, lui avaient du premier coup conquis tous les cœurs. Hélas ! Messieurs, de tant d'espérances, de tant de bonne grâce, de cet avenir que nous préparions, comme un père prépare celui de ses fils, voici ce qui nous reste. Une brusque rencontre, et qui aurait dû rester inoffensive, un instant d'hésitation, un geste inexpérimenté, ont suffi pour anéantir nos rêves de bonheur et pour endormir dans l'éternel sommeil cet enfant, si bien doué, qui, avec une si joyeuse confiance, s'épanouissait à la vie. Ni les soins incessants dont il a été l'objet, ni l'énergique intervention de la science, ni l'admirable et souriante patience avec laquelle il a supporté ses longues souffrances, n'ont pu écarter de lui l'inexorable fatalité. Et maintenant nous voici réunis pour pleurer.

« Nous du moins, Messieurs, nous avons l'amère consolation de rendre à sa dépouille les derniers devoirs et les honneurs qu'on doit aux morts. Mais je songe à ceux qui espéraient le voir revenir, un jour, grand, fort, instruit, prêt aux luttes de la vie et qui pleurent, seuls, devant sa place vide, qui ne sera plus remplie, jamais ; je songe à sa mère, à son frère, à ses sœurs qui, après avoir passé comme nous, pendant sa longue maladie, par les mêmes alternatives d'espérances et de découragement, restent accablés dans le grand silence que les quelques mots d'un câblogramme ont brusquement fait peser sur eux. Qu'ils sachent, du moins, qu'ici nous pleurons avec eux devant les restes de leur enfant et qu'à travers les espaces notre douleur rejoint la leur ; qu'ils sachent que lorsqu'ils se réuniront suivant les rites sacrés, pour offrir aux ancêtres les pieuses offrandes, nous, ici, nous joncherons cette chère tombe des fleurs de France, symbolique hommage de celui qui n'est plus.

« Petit Đáng, que tous ont aimé, nous ne t'oublierons pas. Tu as passé comme ces souffles parfumés qu'au printemps nouveau les forêts de ton pays répandent sur les plaines et les fleuves. Longtemps ceux qui t'ont connu te chercheront parmi eux, étonnés de ne pas te trouver, de ne pas entendre ta voix, de ne pas se sentir caressés par le doux éclair de tes yeux. Dors paisible, cher enfant, dors dans la terre de France comme dans les bras d'une mère qui ne veut pas être consolée. Elle avait voulu pour toi d'autres destinées. Sur ton front glacé sa tendresse désolée dépose tristement le suprême baiser. Nguyễn-văn Đáng, adieu. »

Puis M. Lorin, par une attention touchante, s'exprima en langue annamite, dans les termes suivants :

« Tôi xin thay mặt cả hội Paul Bert va các quan chân hội có bụng muốn đi đưa đám ma không đến được ; tôi đến đây để viếng cậu Nguyễn văn Đáng va để tỏ lòng chúng tôi thương tiếc lắm.

« Cậu ấy đau suốt năm tháng giời. Nhà-thương ở Dijon đã cố sức chữa cho khỏi, song chả có công hiệu gì, chỉ làm cho cậu ấy thêm đau ma thôi. Thôi ! số phận đến thế là hết ! Cậu ấy mất ở đây, sa nước sa nhà. Khi nhà cậu ta và những

anh em bạn nghe được tin ấy đau lòng biết là chừng nào !
Ai chả mong đến ngày cậu ấy về. Ai chả chắc rằng về sau
cậu ấy làm nên, vì là con người thông minh, chăm chỉ, và
tinh về cách trí châu Âu lắm. Chúng tôi cũng thế, chúng
tôi là người tây mà cũng có phần trông mong như vậy,
vì xem tài cậu ấy thì chắc hẳn. Cậu ấy, ai cũng yêu mến,
như thế mà chả may thác xớm đi, thật là thiệt cho cả trong
nước.

« Cậu ấy không được chôn ở quê nhà, nhưng thôi để ở
nghĩa-địa Joinville-le-Pont này, bên cạnh mộ cậu Tâm, cũng
là người chúng tôi thương tiếc lắm.

« Chúng tôi nhớ cậu Đáng biết bao giờ quên ; chúc cho
linh hồn cậu ấy được mát mẻ.

« Mong sao bụng đau đớn của chúng tôi làm cho nhà
cậu ấy đỡ buồn được chút nào là hay ! (1) »

Ensuite le représentant de M. le ministre des Colonies,
après avoir rappelé les circonstances dans lesquelles Đáng a
trouvé la mort, ajouta : « Que votre âme, Đáng, ne soit pas
inquiète ! Vous ne reposez pas sur une terre étrangère, puis-
que c'est votre patrie d'adoption qui pieusement va recueil-

---

(1) « Au nom du *Comité Paul-Bert* je viens apporter à notre
cher pupille Nguyễn văn Đáng, dans sa langue natale, l'expres-
sion de notre affection et de nos regrets.

« Đáng a souffert pendant cinq longs mois. Les soins qu'on lui
a prodigués à l'hôpital de Dijon pour essayer de l'arracher à la
mort n'ont eu d'autre résultat que de prolonger ses souffrances.
Son heure était arrivée ! Il est mort loin de son pays, loin de
sa famille. Quelle douleur pour ses parents et pour ses amis, là-
bas, quand ils apprendront la fatale nouvelle ! Ils espéraient les
joies du retour. Ils envisageaient l'avenir brillant réservé à Đáng,
instruit dans les sciences occidentales, intelligent et travailleur.
Nous aussi, ses amis Français, nous partagions ces espérances que
les qualités de Đáng justifiaient. Mais une mort prématurée est
venue le ravir à l'affection de tous et priver son pays des services
qu'il aurait pu lui rendre.

« Il ne reposera pas dans la terre natale. Mais, du moins, dans
ce cimetière de Joinville-le-Pont, il dormira son dernier sommeil à
côté de notre cher et regretté Tâm. Sa mémoire vivra dans nos
cœurs. Que son âme repose en paix ! Puisse la grande part que
nous prenons à son deuil adoucir la peine de sa famille. »

lir votre dépouille. » Puis au nom de l'administration coloniale et des camarades et compatriotes de Ðáng à l'École coloniale, il exprima leurs regrets et leur émotion : « Ils vous apportent dans la tombe avec des fleurs de votre pays, un peu de votre chère Indochine. »

Après lui M. le docteur Rousseau prit la parole :

« Cher petit Ðang,

« Vous voilà revenu auprès de nous, mais quel chagrin nous cause un pareil retour !

« Vous nous quittiez à la fin de juillet, en parfaite santé,

content d'avoir réussi du premier coup, à l'examen du Brevet, heureux de partir à la campagne pour deux mois et de voir le beau pays de Bourgogne.

« C'est là qu'un accident, stupide et affreux, vous a frappé en pleines vacances, en pleine joie de vivre, au cours d'une promenade.

« Et la mort hélas ! n'est pas venue tout de suite mettre un terme à vos souffrances. Vous avez langui pendant de longues semaines, pendant plusieurs mois.

« Vous étiez venu parmi nous, précédé d'une réputation brillante d'écolier modèle. Vous l'aviez amplement justifiée. Nous fondions sur vous les plus belles espérances. Nous étions sûrs, absolument sûrs que vous sauriez profiter de tous les enseignements auxquels il nous plaît particulièrement de voir participer nos enfants adoptifs, aussi chers à notre cœur que ceux de la métropole.

« Cher petit Đáng, la fatalité a brusquement interrompu votre destinée que nous considérions, par avance, comme une source de satisfaction, pour nous, votre famille, vos compatriotes, et pour vous, enfin !

« Nous nous associons, de tout notre cœur, à la douleur des vôtres; nous voudrions les consoler, un peu, en leur disant, à distance, que les jeunes Indochinois qui dorment sous la terre Française y jouissent d'un repos particulièrement respecté et honoré.

« Adieu, cher petit Đáng ! que la terre vous soit légère ! ».

Nguyễn-ván Lê s'approcha alors du cercueil de son ami et lui adressa, en pleurant, cet adieu dont l'accent était, peut-être, plus émouvant que les paroles mêmes :

« CHER DÁNG, CHER AMI ET COMPATRIOTE,

« Je viens au nom des pupilles du *Comité Paul-Bert* et surtout des boursiers de l'Instruction Occidentale, te rendre les derniers hommages et t'adresser un dernier et suprême adieu.

« Je suis encore sous la vive impression du terrible accident dont tu as été victime et dont j'ai été le témoin. La mort t'enlève en pleine jeunesse, en pleine activité, loin des tiens, toi qui désirais tant être, un jour, utile à notre chère patrie !

« O pauvre Đáng ! je ne pourrai jamais t'oublier. Tu as quitté pour toujours tous ceux qui t'étaient chers, ta pauvre mère, tes frère et sœurs, tous ceux qui s'étaient dévoués à ton instruction et à ton éducation : les membres du *Comité Paul-Bert* de l'*Alliance Française*, de la société de l'Instruction Occidentale, M. Salles, notre généreux père adoré, nos professeurs, tous ceux qui ont essayé par leurs soins dévoués de te sauver la vie, les familles Rossin, Jantot, Virey, tous ceux qui ont mené la même vie que toi, tes camarades, tes amis !

« Tu nous quittes pour toujours, toi l'objet de tant de soins, de tant de sacrifices, toi aimé de tous ceux qui te connaissaient, toi qui savais te rendre si agréable partout où tu passais, toi si actif, si laborieux, si sage, si raisonnable, si intelligent, qui avais une si grande part dans notre affection, toi notre concurrent vaillant de classe, toi la fierté de tes parents, l'honneur de ta famille, l'espoir de ta ville natale et de ton pays !

« Ta famille, ta mère, ton frère, tes sœurs attendront vainement ton retour au pays natal, car maintenant ils sont plongés dans la douleur la plus cruelle, la désolation la plus profonde..... »

Lê rappelle ensuite le temps passé avec Đáng au collège de Hanoi, leur départ pour la France, leur séjour au Parangon, leurs joies et leurs plaisirs, leurs excursions, leurs longues causeries d'autrefois, leurs projets d'avenir, et il termina ainsi : « Ta mort m'affecte d'autant plus que j'ai passé mes vacances à tes côtés, que j'étais auprès de toi au moment du fatal accident ! Tu as toujours conservé ta lucidité d'esprit, tu as été toujours courageux pendant ta longue maladie, trouvant la force de plaisanter sur ton propre état, accueillant avec un sourire ceux qui venaient te voir. Je t'entends encore dire : « C'est dans ces moments qu'on connaît les

« vrais amis... Je connais maintenant le cœur des Français,
« la bonté, la générosité, la sincérité des Bourguignons ! »

« Tout cela a passé si vite que je ne puis croire que tu n'es plus ! et cette pensée me déchire le cœur !

« Cher Đáng, je t'invoque pour la dernière fois, il m'est impossible de t'exprimer tous mes regrets, de te manifester toute ma douleur ! »

Nguyễn-bá-Luân, élève de l'Institution du Parangon parla le dernier au nom des camarades français et indochinois du défunt :

« Nous t'aimions tous et nous t'aimions à cause de tes qualités ! Tu as toujours été un bon ami, un bon camarade, et un bon élève; tu nous as toujours donné le bon exemple. Đáng, ton nom sera désormais honoré parmi nous.

« Nous te pleurons sur ta tombe, mais tu n'es pas abandonné, tu reposes en terre amie. Tes compatriotes sont tous là pour te dire adieu. Et, vois au milieu des fleurs de France une gerbe des plantes de ton pays ! aux branches des palmiers s'unissent les bambous fragiles, les nénuphars des rizières et la petite fleur de thé. — Un ruban brodé à ton nom les attache, un peu de terre natale va accompagner ton cercueil ! Tout cela vient de mains pieuses et amies, mon cher Đáng, car tu fus aimé et estimé de nous tes compatriotes, de tes camarades français, de tes professeurs, de tes directeurs, de ton cher protecteur M. Salles, de tous enfin, et nul ne t'oubliera désormais. — Adieu mon cher Đáng, adieu ! »

La série des discours étant terminée, il fallut se résigner à la séparation définitive : le cercueil fut porté et descendu dans la tombe.

Puis après quelques paroles finales, prononcées par le plus ancien des étudiants indochinois, les assistants défilèrent, un à un, devant la bière du cher défunt, qui fut en

— 19 —

un instant couverte de fleurs, suprême hommage d'affection et d'amitié.

Et l'éternel repos de Đáng commença !

* * *

Au Tonkin, la nouvelle de sa mort ne fut pas seulement

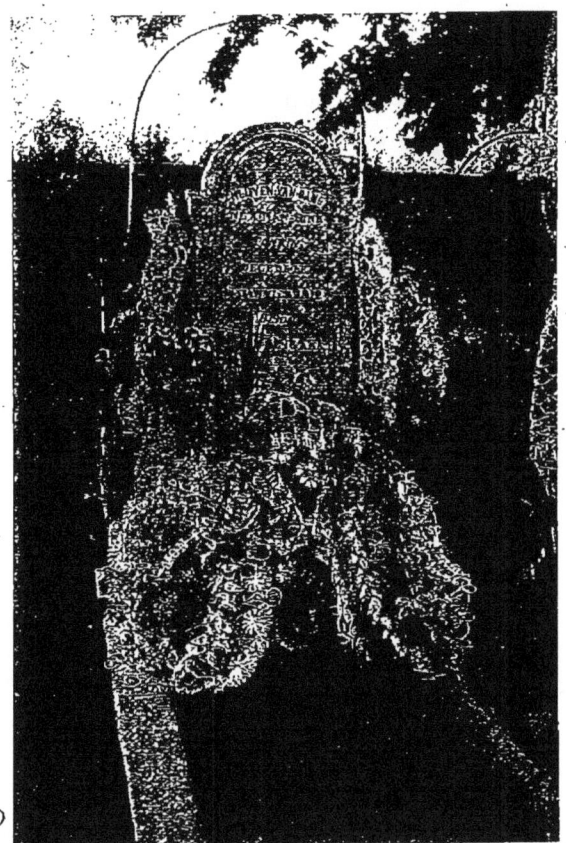

une cause d'affliction pour les siens; elle eut un retentissement douloureux dans les milieux les plus divers, dans les familles indigènes, dans les écoles, dans les Sociétés, dans les salons européens.

A l'association pour l'Instruction Occidentale, on fut vivement affecté. C'était le deuxième deuil qui frappait ce groupement éclairé, actif et bienfaisant. Đáng après Đương !

Quant à nous, en France, nous eûmes un moment de découragement facile à comprendre ; puis nous nous ressaisîmes... Il nous semblait entendre Đáng lui-même nous dire de sa voix charmante, écho d'une âme sage, courageuse et loyale : « Chers protecteurs et chers maîtres français, je suis une victime de la fatalité ; il faut vous incliner, comme j'ai dû m'incliner moi-même, devant cette force supérieure à la volonté humaine. Je suis touché de vos regrets. Vous me vouliez du bien, et par moi, vous vous proposiez d'être utiles à mon pays ! Le chemin du progrès est bordé de tombes : telle est la loi. Continuez votre œuvre d'éducation. Reportez sur mes compatriotes, confiés à votre direction et à vos soins, l'affection et le dévouement dont j'étais l'objet. Instruisez-les ; préparez-les à remplir intelligemment les tâches qui les attendent, dans notre chère Indochine. Et soyez sûrs que le cœur des Indochinois gardera le souvenir de vos bienfaits. »

PUJET,
Professeur de littérature
française au *Parangon*.

3517. — TOURS, IMPRIMERIE E. ARRAULT ET Cⁱᵉ.